AF194990

Impressum
Verlag: BABADADA GmbH, Nedderfeld 112 , 22529 Hamburg
Geschäftsführer / Verlagsleitung: Harald Hof
Druck: Books on Demand GmbH, In de Tarpen 42, 22848 Norderstedt

Imprint
Publisher: BABADADA GmbH, Nedderfeld 112 , 22529 Hamburg, Germany
Managing Director / Publishing direction: Harald Hof
Print: Books on Demand GmbH, In de Tarpen 42, 22848 Norderstedt

school

sukuu

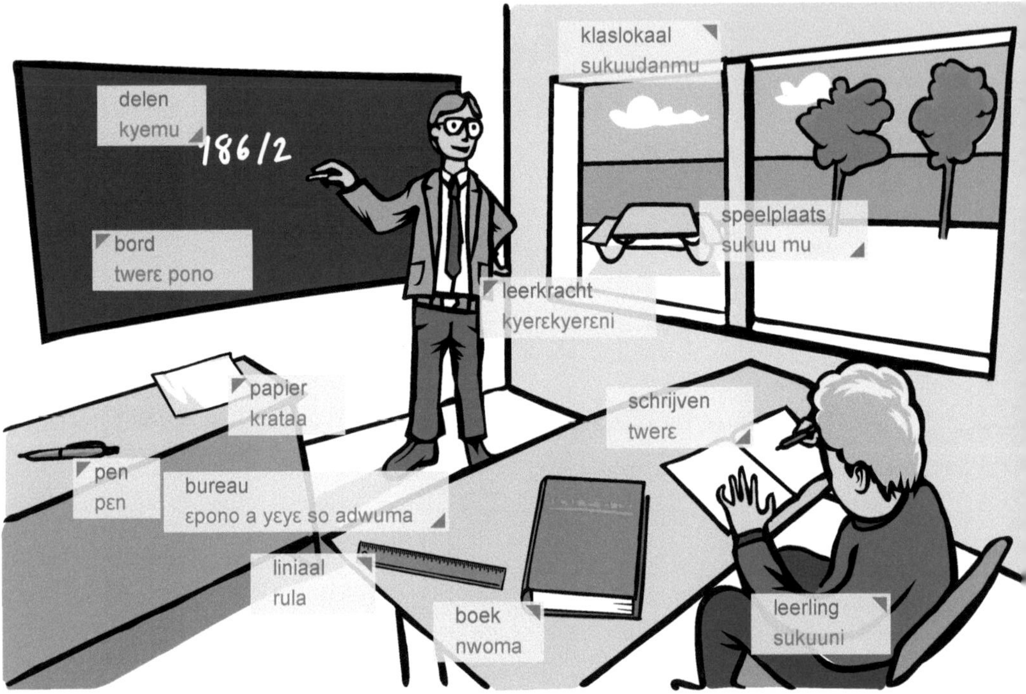
klaslokaal
sukuudanmu
delen
kyemu
186/2
bord
twerɛ pono
speelplaats
sukuu mu
leerkracht
kyerɛkyerɛni
papier
krataa
schrijven
twerɛ
pen
pɛn
bureau
ɛpono a yɛyɛ so adwuma
liniaal
rula
boek
nwoma
leerling
sukuuni

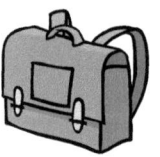

schooltas
baage

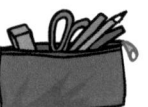

pennenzak
twerɛdua konko

potlood
twerɛdua

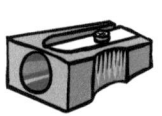

puntenslijper
deɛ yɛde sensen twerɛdua ano

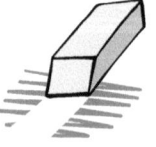

gom
rɔba

tekenblok
krataa a yɛdwi adeguso

tekening

adedwie

verfborstel

penti brɔhye

verfdoos

penti adaka

schaar

apasoɔ

lijm

aman

werkboek

nwoma a yɛyɛ mu adwuma

huiswerk

efie adwuma

12

nummer

nɔma

2+2

optellen

kabom

5-2

aftrekken

te fri mu

2×2

vermenigvuldigen

mmɔho

rekenen

sese

A

letter

lɛtɛ

ABCDEFG
HIJKLMN
OPQRSTU
VWXYZ

alfabet

ntwerɛeɛ

hello

woord

asɛmfua

tekst

ntwerɛdeɛ

Lezen

kenkan

krijt

kyɔk

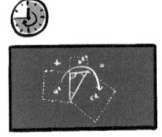

les

adesua

klassenboek

twerɛ wo din

examen

nsɔhwɛ

certificaat

abodinkrataa

schooluniform

sukuu ataadeɛ

onderwijs

adesua

encyclopedie

nyansa nwoma

universiteit

suapɔn

microscoop

maakroskop

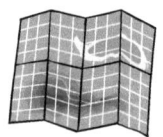

kaart

map

papiermand

kɛntɛn a yɛde krataa nwura
gu mu

reis
akwantuo

Grand
hotel
ahɔhogyebea
jeugdherberg
hostɛl
ROOMS
wisselkantoor
baabi a yɛ sesa sika
koffer
potomanto
auto
kaa

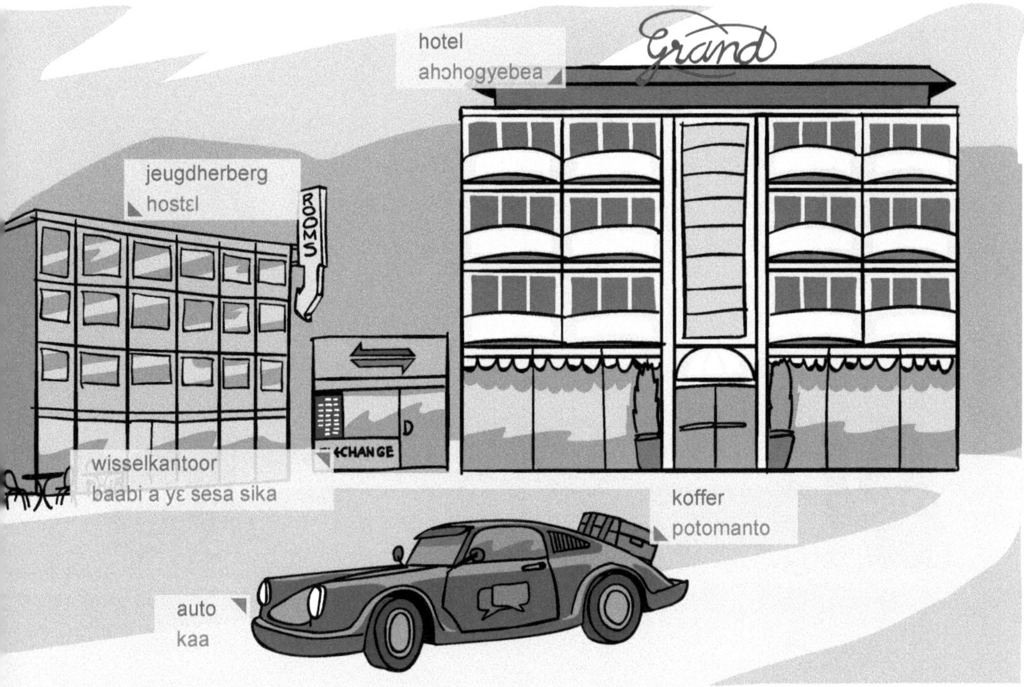

Taal
kasa

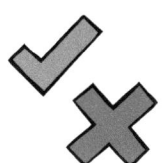

ja / nee
aane / dabi

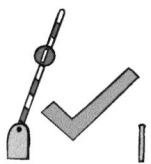

oké
Yoo

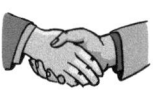

hallo
hɛlo

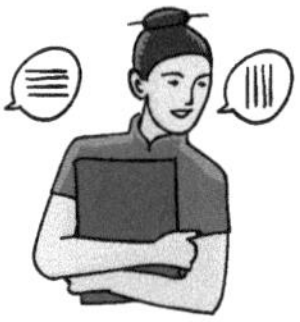

vertaler
kasa asekyerɛfoɔ

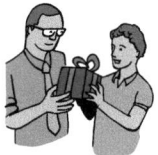

bedankt
Medaase

Hoeveel kost ...?

...boɔ yɛ sɛn?

Ik begrijp het niet

Me nte aseɛ

probleem

ɔhaw

Goedenavond!

Maadwo!

Goedemorgen!

Maakye!

Goedenavond!

Dayie!

Tot ziens

baibai o

richting

akwankyerɛ

bagage

wo nneɛma

zak

botɔ

rugzak

akyirebotɔ

gast

ɔhɔhoɔ

kamer

danmu

slaapzak

botɔ a yɛda mu

tent

ntomadan

toeristeninformatie

nsɛm dema wɔn a wɔkɔ nsrahwɛ

strand

mpoano

kredietkaart

kaade a yɛde yi sika

ontbijt

anɔpa aduane

lunch

awua aduane

avondeten

anwumerɛ aduane

ticket

tiket

lift

pegya

postzegel

stamp

grens

ɛhyeɛ so

douane

kutɔmfoɔ

ambassade

embasi

visum

visa

paspoort

passpɔt

transport
akɔneabadie

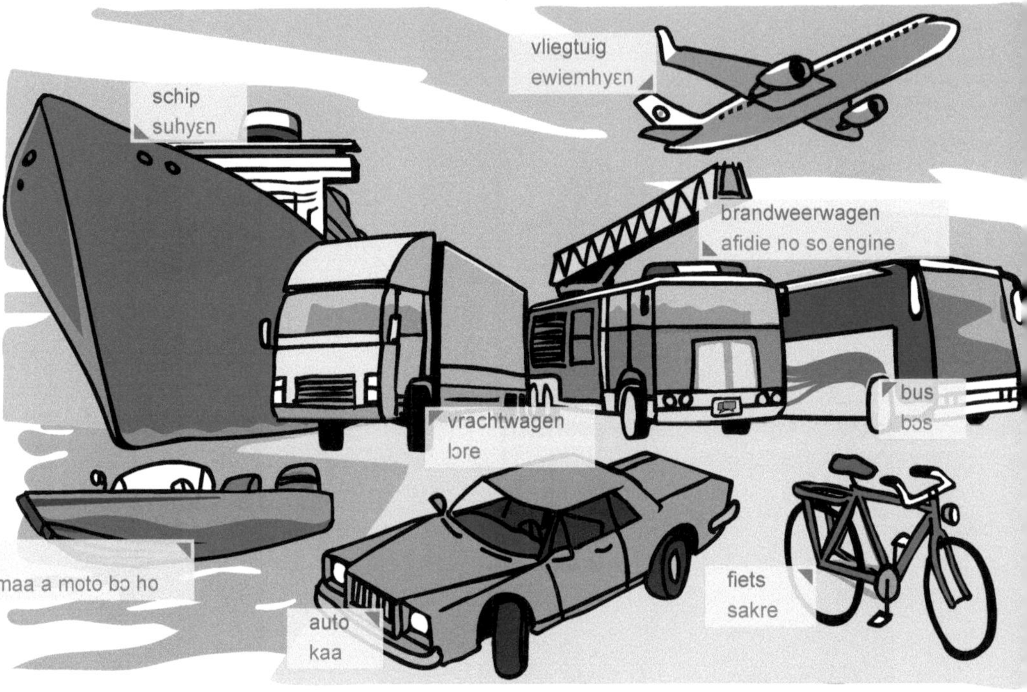
vliegtuig
ewiemhyɛn
schip
suhyɛn
brandweerwagen
afidie no so engine
bus
bɔs
vrachtwagen
lɔre
a moto bɔ ho
fiets
sakre
auto
kaa

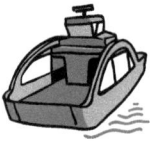

veerboot

hyɛma

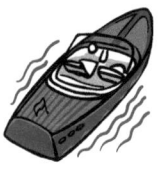

boot

suhyɛn kumaa

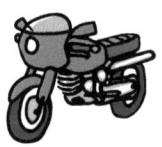

motor

motosakre

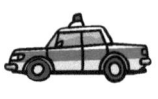

politiewagen

polisifoɔ kaa

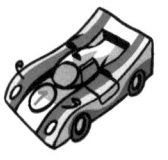

racewagen

kaa a ɛkɔ mirika akansie

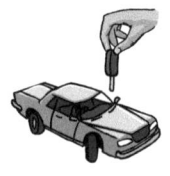

huurauto

kaa a yɛde ma ahan

carpoolen

wɔre kyɛ kaa

sleepwagen

lɔre a asɛeɛ

vuilniswagen

bɔɔla kaa

motor

moto

benzine

pɛtro

benzinestation

baabi a yɛbu pɛtro

verkeersbord

trafik ahyɛnsodeɛ

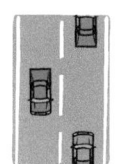

verkeer

trafik

file

trafik akye

parkeerplaats

baabi a yɛde kaa esi

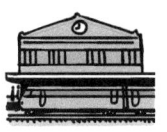

station

keteke gyinabea

sporen

keteke kwan

trein

keteke

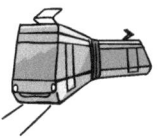

tram

tram

wagon

ponkɔ kaa

transport - akɔneabadie

helikopter
helikopta

luchthaven
ewiemhyɛnbea

toren
abansoro

passagier
apasingyani

container
tontowa

karton
adaka

kar
kaate

mand
kɛntɛn

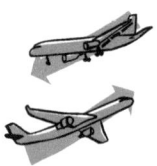

opstijgen / landen
atu / asi fam

stad

kuro kɛseɛ

dorp
akurase

stadscentrum
kuro dwaberɛ mu

huis
efie

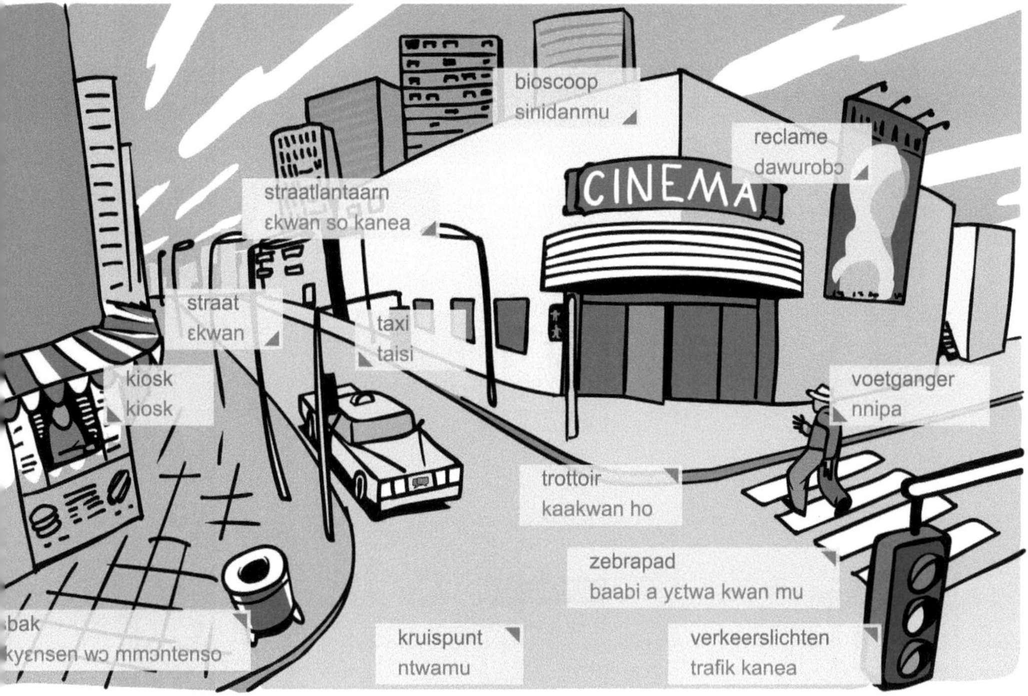

bioscoop
sinidanmu

reclame
dawurobɔ

straatlantaarn
ɛkwan so kanea

CINEMA

straat
ɛkwan

taxi
taisi

voetganger
nnipa

kiosk
kiosk

trottoir
kaakwan ho

zebrapad
baabi a yɛtwa kwan mu

bak
kyɛnsen wɔ mmɔntenso

kruispunt
ntwamu

verkeerslichten
trafik kanea

hut

apata

woning

efie

station

keteke gyinabea

stadshuis

adwaberɛm

museum

bea a yɛ kora tete nneɛma

school

sukuu

universiteit
suapɔn

bank
sikakrobea

ziekenhuis
ayaresabea

hotel
ahɔhogyebea

apotheek
famasi

kantoor
asoeɛ

boekwinkel
sotɔɔ a wotɔn nwoma

winkel
sotɔɔ

bloemenwinkel
baabi yɛtɔn nhwiren

supermarkt
nodcɔtɔɔ

markt
edwam

warenhuis
sotɔɔ kɛseɛ

vishandelaar
baabi a yɛtɔn mpataa

winkelcentrum
dwadibea kɛseɛ

haven
suhyɛn gyinabea

park

baabi kaa gyina

bank

bɛnkye

brug

ɛtwene

trap

atwedeɛ

metro

asaase ase

tunnel

ɛbɔn

bushalte

baabi a bɔs gyina

bar

nsanombea

restaurant

adidibea

brievenbus

lɛta adaka

straatnaambord

ɛkwan so akwankyerɛ

parkeermeter

baabi kaa gyina ho mita

zoo

zoo

zwembad

nsuo a yɛ dware mu

moskee

nkramodan

boerderij
afuo

milieuverontreiniging
dɛɛ egu mmɔnten so fi

kerkhof
asieɛ

kerk
asɔre

speelplaats
agodibea

tempel
asɔre dan

landschap

mmɔnten so asiesie

blad
ahaban

wegwijzer
sanbod

weg
kwan

weide
asaase a ɛsere wɔ so

steen
boba

boom
dua

wandelaar
ɔnantefoɔ

rivier
asubɔnten

gras
ɛserɛ

bloem
nhwiren

vallei

amenamu

heuvel

bepɔ

meer

tadeɛ

bos

kwaeɛ

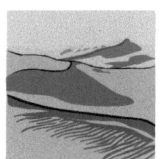

woestijn

ɛserɛ so

vulkaan

egya a efri botan mu

kasteel

abankɛseɛ

regenboog

nyankontɔn

paddenstoel

emere

palmboom

abɛtene

mug

ntomntom

vlieg

tu

mier

ntɛtea

bijl

wowa

spin

ananse

kever

amankuo

kikker

aponkyerɛni

eekhoorn

opuro

egel

apɛsɛ

haas

adanko

uil

patuo

vogel

anomaa

zwaan

nsuo mu dabodabo

wild zwijn

kɔkɔte

hert

adoa

eland

ɔtweenini

dam

dam

windturbine

wind turbine afidie

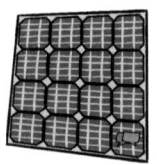

zonnepaneel

afidie a ɛkye awia

klimaat

wiem nsakraeɛ

restaurant
adidibea

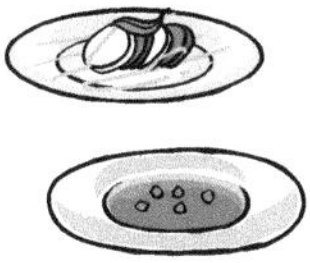

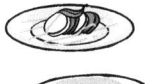

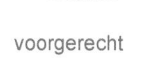

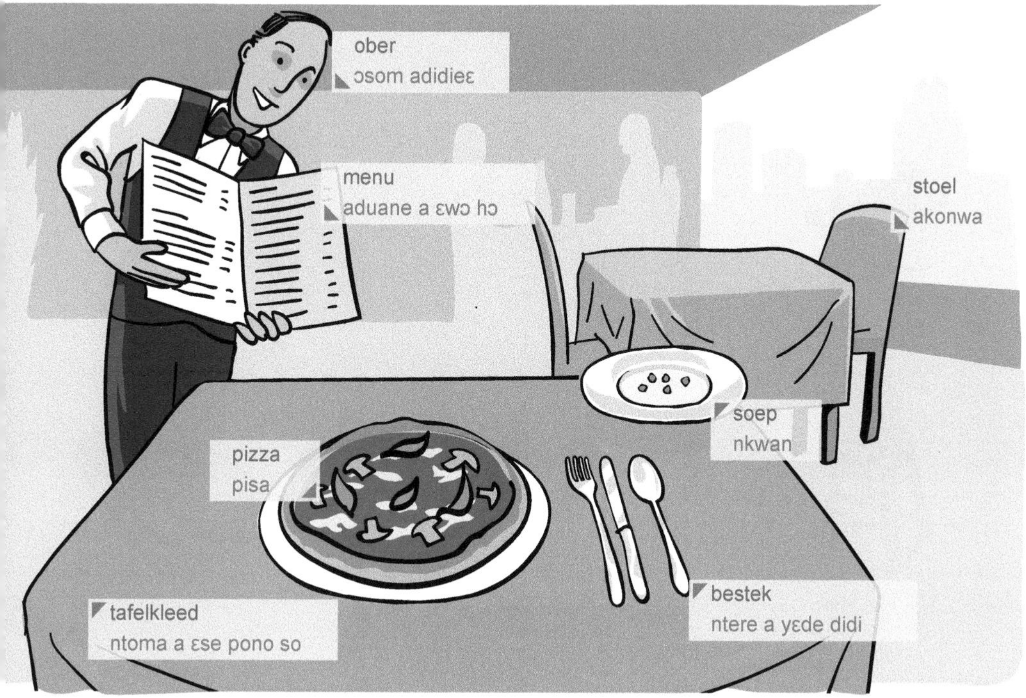
ober
ɔsom adidieɛ
menu
aduane a ɛwɔ hɔ
stoel
akonwa
soep
nkwan
pizza
pisa
bestek
ntere a yɛde didi
tafelkleed
ntoma a ɛse pono so

voorgerecht
mprampra anom

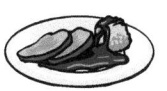

hoofdgerecht
aduane no ankasa

nagerecht
mpa anom

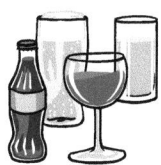

drankjes
nsa

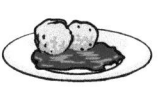

eten
aduane

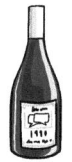

fles
toa

fastfood

aduane hyewhyew

street food

abɔnten so aduane

theepot

tii kukuo

suikerpot

asikyire konko

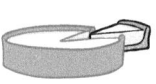

portie

wo kyɛfa

espressomachine

espresso afidie

kinderstoel

akonwa tenten

rekening

wo ka

dienblad

apanpan

mes

sekan

vork

adinam

lepel

atere

theelepel

atere ketewa

serviette

napkin a yɛde pepa ano

glas

glase

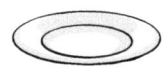

bord

prɛte

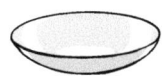

soepbord

kwan kyɛnsee

schoteltje

prɛte ketewa

saus

abomu

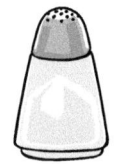

zoutvatje

nkyene kukuo

pepermolen

yɛde yam mako

azijn

fenega

olie

anwa

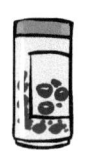

kruiden

aduhwam

ketchup

kɛkyɔp

mosterd

mustad

mayonaise

mayones

supermarkt

sotɔɔpɔn

aanbieding
ntesoɔ soronko
FOR
klant
adetɔfoɔ
zuivelproducten
nanatwie nufusuo
fruit
aduaba
winkelwagen
hwiili

BUTCHERS

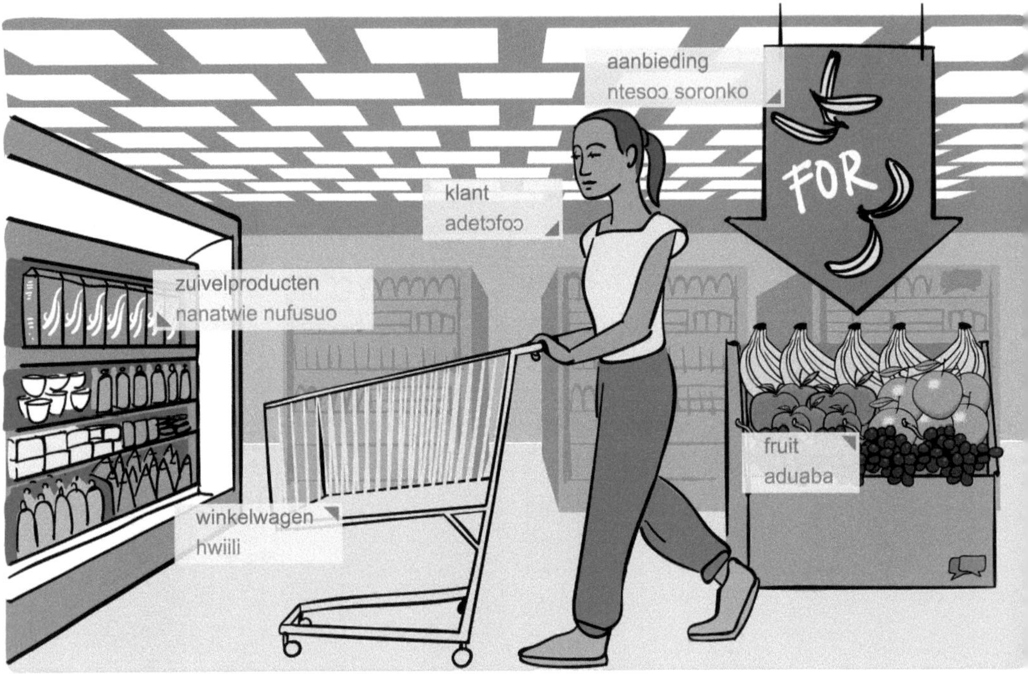

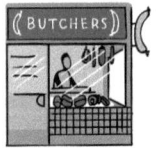

slagerij

baabi a yɛtɔn nam

BAKERY

bakkerij

baabi a yɛtɔn paano

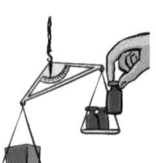

wegen

susu

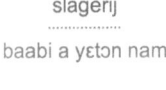

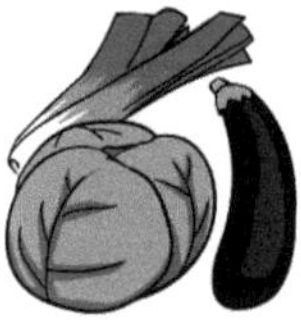

groenten

atosodeɛ

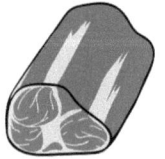

vlees

nam

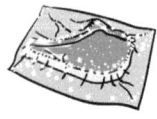

diepvriesvoedsel

frigyemu aduane

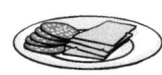

charcuterie

nam a adwoɔ

conserven

kyɛnsee mu aduane

waspoeder

paoda samena

snoep

adedɔkɔdɔkɔ

huishoudproducten

efie nneɛma

schoonmaakproducten

adetɔneɛ a yɛde pepa fin

verkoopster

nnipa a ɔtɔn adeɛ

kassa

afidie a egye sika

kassier

ɔgyegye sika

boodschappenlijstje

krataa a wodi rekɔ di dwa

openingstijden

berɛ a wɔde bua

portefeuille

sikabotɔ

kredietkaart

kaade a yɛde yi sika

tas

baage

plastieken zakje

rɔba baage

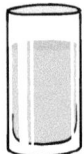

water

nsuo

sap

aduaba mu nsuo

melk

nufusuo

cola

kok

wijn

wain nsa

bier

biya

alcohol

mmorosa

cacao

kokoo

thee

tii

koffie

kofe

espresso

espresso

cappuccino

kapukyino

banaan

kwadu

appel

apol

sinaasappel

ankaa

meloen

melon

citroen

akutɔɔ

wortel

karɔt

knoflook

garlik

bamboe

pampro

ajuin

gyeene

champignon

mmere

noten

nkateɛ

noodles

talia

spaghetti

spageti

rijst

ɛmo

salade

salad

frieten

kyipis

gebakken aardappelen

abrɔdwomaa a y'akye

pizza

pisa

hamburger

hambɔga

sandwich

sanwekye

kalfslapje

nam a dompe nnim

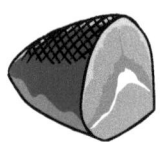

ham

preko nam

salami

nam a y'ahata

worst

sɔsege

kip

akokɔ

braden

toto

vis

apataa

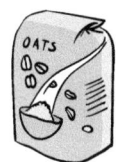

havervlokken

oosu koko

muesli

muesli

cornflakes

konflese

bloem

esam

croissant

krossant

pistolet

paano a y'aboboɔ

brood

paano

toast

paano a y'atoto

koekjes

biskete

boter

bɔta

kwark

nufusuo a ada

taart

keeke

ei

kosua

spiegelei

kosua a y'akyeɛ

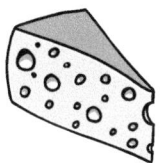

kaas

kyiis

ijs

asskrim

suiker

asikyire

honing

ɛwoɔ

confituur

gyaam

choco

kyokolete

curry

kɔri

boerderij
afuo

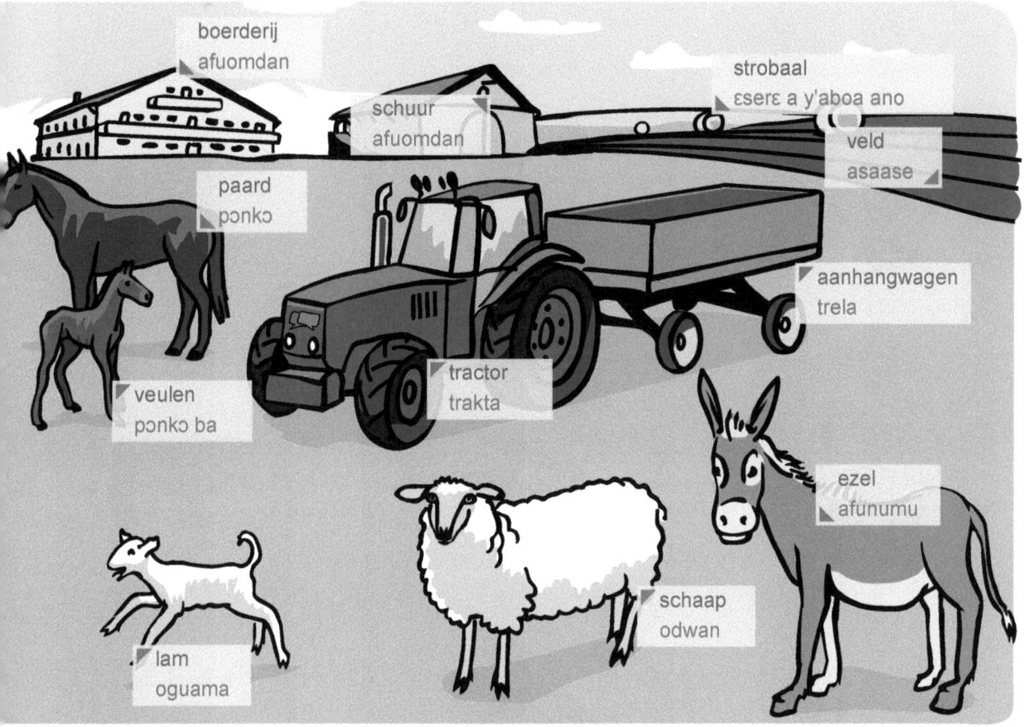
boerderij
afuomdan
schuur
afuomdan
strobaal
ɛserɛ a y'aboa ano
veld
asaase
paard
pɔnkɔ
aanhangwagen
trela
tractor
trakta
veulen
pɔnkɔ ba
ezel
afunumu
schaap
odwan
lam
oguama

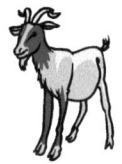

geit

apɔnkye

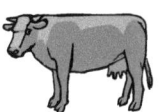

koe

nantwie

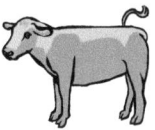

kalf

nantwie ba

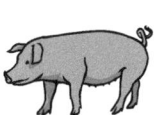

varken

prɛko

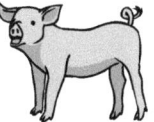

biggetje

prɛko ba

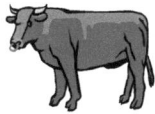

stier

nantwinini

gans

dabodabo nua

eend

dabodabo

kuiken

akokɔba

kip

akokɔbedeɛ

haan

akokɔnini

rat

kusie

kat

ɔkra

muis

akura

os

nantwinini

hond

kraman

hondenhok

kraman buo

tuinslang

afuom drobɛn

gieter

tontora a yɛde gu nsuo

zeis

sekan a yɛde twa aburo

ploeg

funtum dadeɛ

sikkel

kɔntɔnkrɔ

schoffel

asɔ

hooivork

afuom adinam

bijl

akuma

kruiwagen

hweebaro

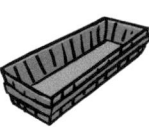

trog

adidika

melkkan

nufusuo konko

zak

bɔtɔ

hek

ɛban

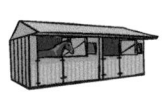

stal

pɔnkɔ dan

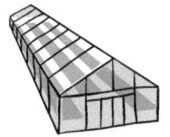

broeikas

ntomadan a yɛyɛ mu afuo

bodem

anwea

zaad

aba

mest

ɔyɛ asaaseyie

maaidorser

otwaberɛ trakta

oogsten

twa

oogst

otwaberɛ

yam

bayerɛ

tarwe

ayuo

soja

soya

aardappel

abrɔdwomaa

maïs

aburo

koolzaad

repu aba

fruitboom

dua a ɛso aba

maniok

bankye

graan

aburo asefoɔ

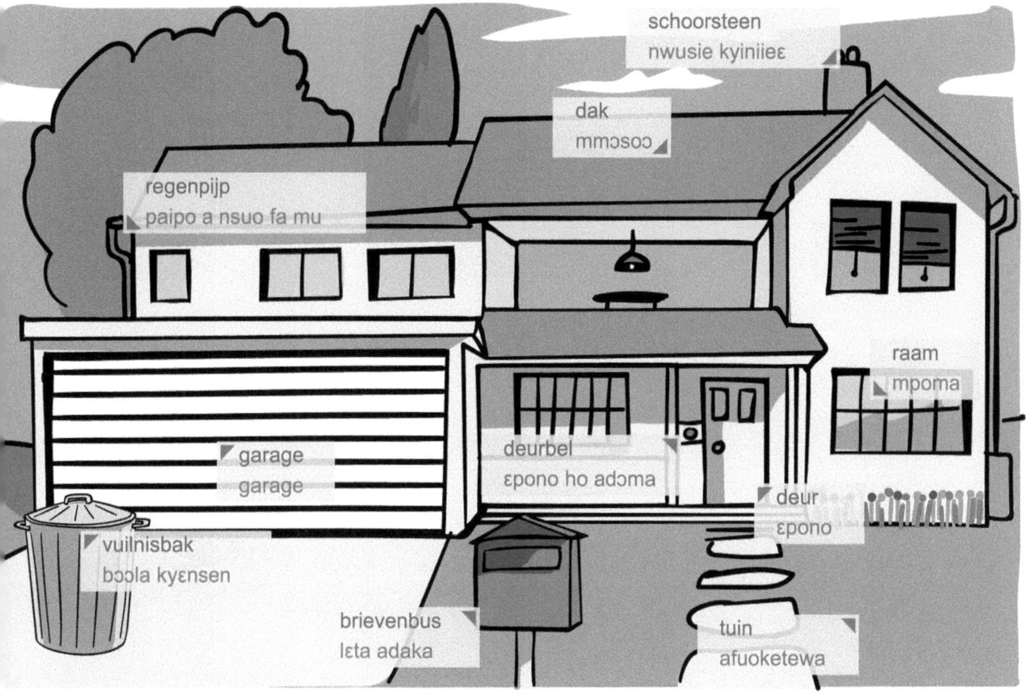

schoorsteen
nwusie kyiniieɛ

dak
mmɔsoɔ

regenpijp
paipo a nsuo fa mu

raam
mpoma

garage
garage

deurbel
ɛpono ho adɔma

deur
ɛpono

vuilnisbak
bɔɔla kyɛnsen

brievenbus
lɛta adaka

tuin
afuoketewa

woonkamer
asaso

badkamer
adwareɛ

keuken
mukaase

slaapkamer
pie mu

kinderkamer
nkwadaa dan mu

eetkamer
dan a yɛdidi mu

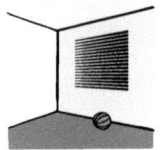

vloer
εfam

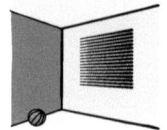

muur
εban

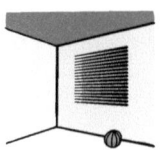

plafond
abruuso

kelder
danbloo

sauna
adwereε a εbɔ ɔhyew

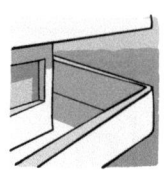

balkon
abranaa

terras
abranaaso

zwembad
nsuo a yεdware mu

grasmaaier
afidie a yεde dɔ

dekbedovertrek
nsεfam

dekbed
ntoma a εse kεtε so

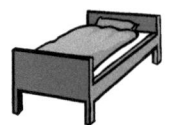

bed
mpa

bezem
prayε

emmer
bokiti

schakelaar
dane

woonkamer

asaso

behangpapier
krataa a ɛfam dan ho
foto
nfonin
lamp
kanea
schap
kɔbɔd
kast
kɔbɔd adaka
televisie
tiivi
open haard
egya dabrɛ
bloem
nhwiren
kussen
kuhyɛn
sofa
akonwa kɛseɛ
vaas
kukuo a nhwiren hye mu
afstandsbediening
remote

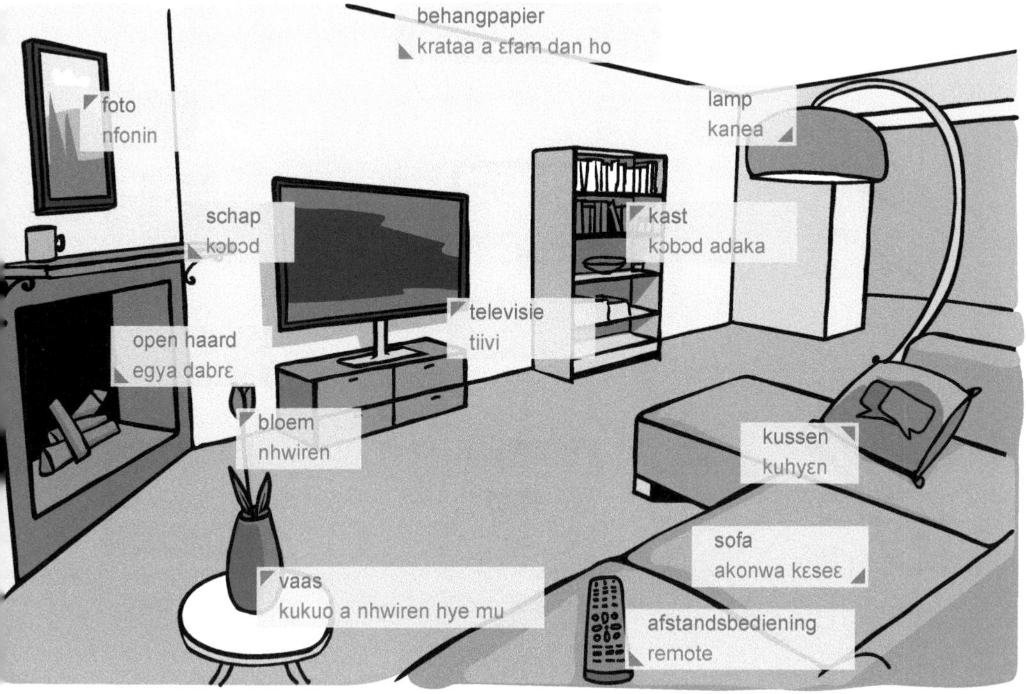

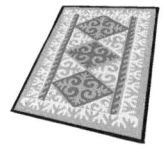

mat

kapɛte

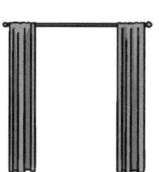

gordijn

ntwaa dan mu

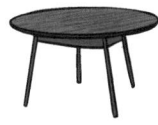

tafel

ɛpono

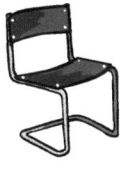

stoel

akonwa

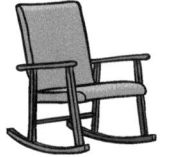

schommelstoel

akonwa a ehinhim

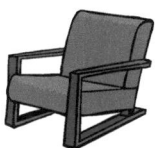

fauteuil

akonwa a yɛgyegye dan

boek	deken	decoratie
nwoma	kuntu	dan mu nsiesie

brandhout	film	stereo-installatie
egya	sini	wailɛs

sleutel	krant	schilderij
safoa	koowaa krataa	nfonin a y'adwi

poster	radio	notitieboekje
nfam danho	radio	krataa a yɛ twere mu

stofzuiger	cactus	kaars
afidie a ɛprapra	kaktus	kyɛnere

keuken
mukaase

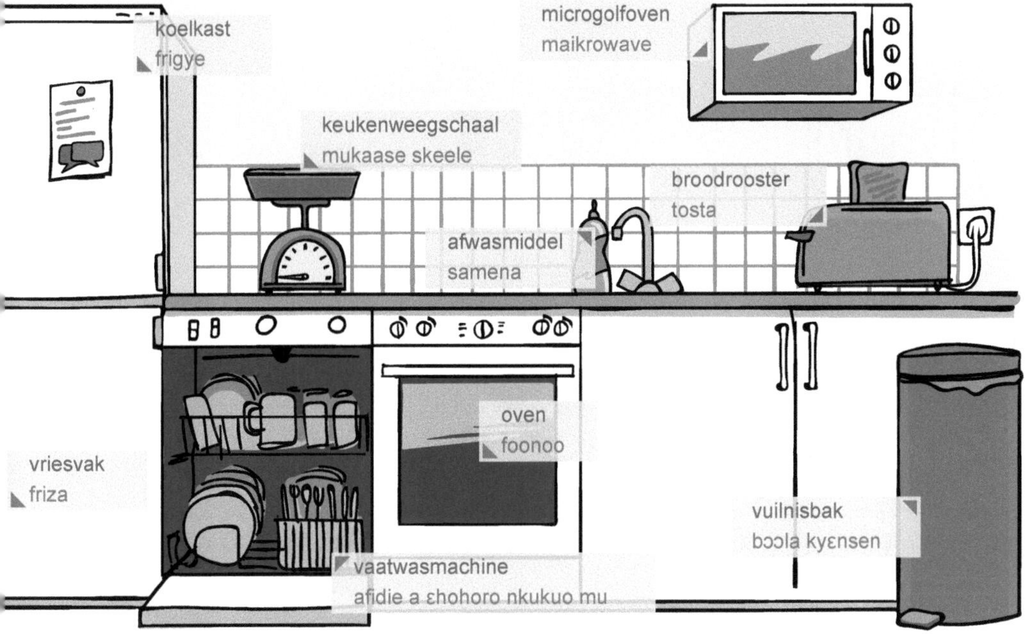

koelkast
frigye
microgolfoven
maikrowave
keukenweegschaal
mukaase skeele
broodrooster
tosta
afwasmiddel
samena
oven
foonoo
vriesvak
friza
vuilnisbak
bɔɔla kyɛnsen
vaatwasmachine
afidie a ɛhohoro nkukuo mu

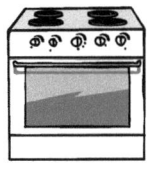

fornuis

abɛɛfo bukyea

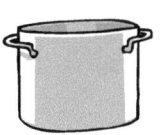

pot

kokuo

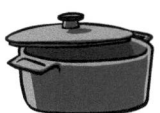

gietijzeren pot

dadesɛn

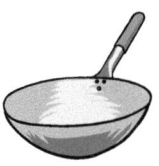

wok / kadai

wok / kadai

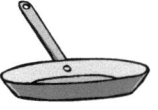

pan

kyɛnsee

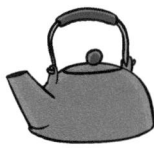

waterkoker

nsuo hyeɛ afidie

stoomkoker

stiima

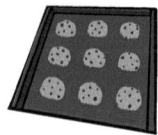

bakplaat

apa a yɛ to so adeɛ

servies

prɛte, kuruwa, ntere ne nea ɛkeka ho

mok

kuruwa a etumi bɔ

kom

kyɛnsee

eetstokjes

nnua a yɛde didi

pollepel

kwantre

spatel

dua atere

garde

yɛde nu adeɛ mu

vergiet

sɔneɛ

zeef

fefe

rasp

greta

mortier

waduro

barbecue

kyinkyinga

haardvuur

bukyea

snijplank

εpono a yε twitwaso adeε

deegrol

εta

kurkentrekker

deε yεtu nsa so

blik

konko

blikopener

deε yεde bue konko so

pannenlap

yεde sɔ kukuo mu

gootsteen

sink

borstel

brɔhye

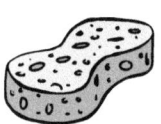

spons

sapɔ

blender

aduane yam fidie

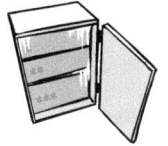

vriezer

friza nini

papfles

toa a abɔdoma nom ano

kraan

paipo

badkamer
adwareɛ

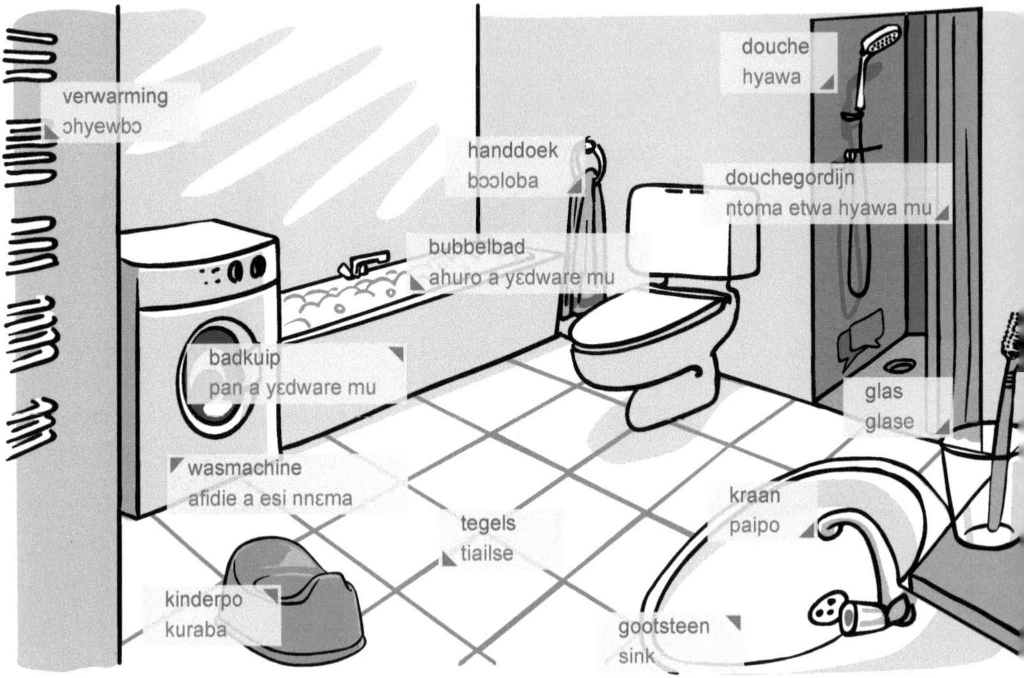

verwarming
ɔhyewbɔ

douche
hyawa

handdoek
bɔɔloba

douchegordijn
ntoma etwa hyawa mu

bubbelbad
ahuro a yɛdware mu

badkuip
pan a yɛdware mu

glas
glase

wasmachine
afidie a esi nnɛma

kraan
paipo

tegels
tiailse

kinderpo
kuraba

gootsteen
sink

toilet

teɛfi

hurktoilet

teɛfi a yɛ koto so

bidet

bidet teɛfi

urinoir

dwonsɔ dan

toiletpapier

teɛfi so krataa

toiletborstel

teɛfi so brɔhye

tandenborstel

brɔhye a yɛde twitwiri see

tandpasta

aduro a yɛde twitwiri see

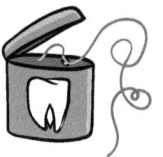

flosdraad

yɛde yiyi ɛsee mu

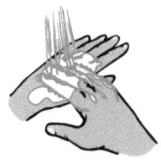

wassen

si

handdouche

hyawa a yɛsɔ mu

bidethanddouche

paipo a yɛde hohoro
ananmu

waskom

bokiti

rugborstel

brɔhye a wode dware w'akyi

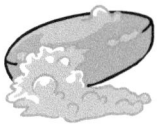

zeep

samena

douchegel

hyawa samena

shampoo

nsuo samena

washandje

flanɛl ntoma

afvoer

baabi a nsu fa pue

crème

nku

deodorant

yɛde fefa amotoamu

spiegel

ahwehwɛ

handspiegel

ahwehwɛ a yɛsɔ mu

scheermes

bled

scheerschuim

ahuro a yɛde yi nwi

aftershave

aduro a yɛde fefa baabi a
wo ayi nwi

kam

afen

borstel

brɔhye

haardroger

afidie a ɛwo nwi

haarlak

enwi sopre

make-up

pɔns

lippenstift

lipstike

nagellak

penti a yɛde mɔreɛ so

watten

asaawa

nagelknipper

apasoɔ a etwa mmɔreɛ

parfum

aduhwam

toilettas

adwareɛ baage

kruk

edwa

weegschaal

skele

badjas

adwereɛ ataadeɛ

latex handschoenen

rɔba a yɛde hyɛ nsa ho

tampon

tampon

maandverband

abɛɛfo amonsen

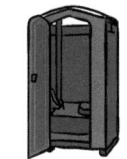

chemisch toilet

teɛfi a aduro gum

kinderkamer

nkwadaa dan mu

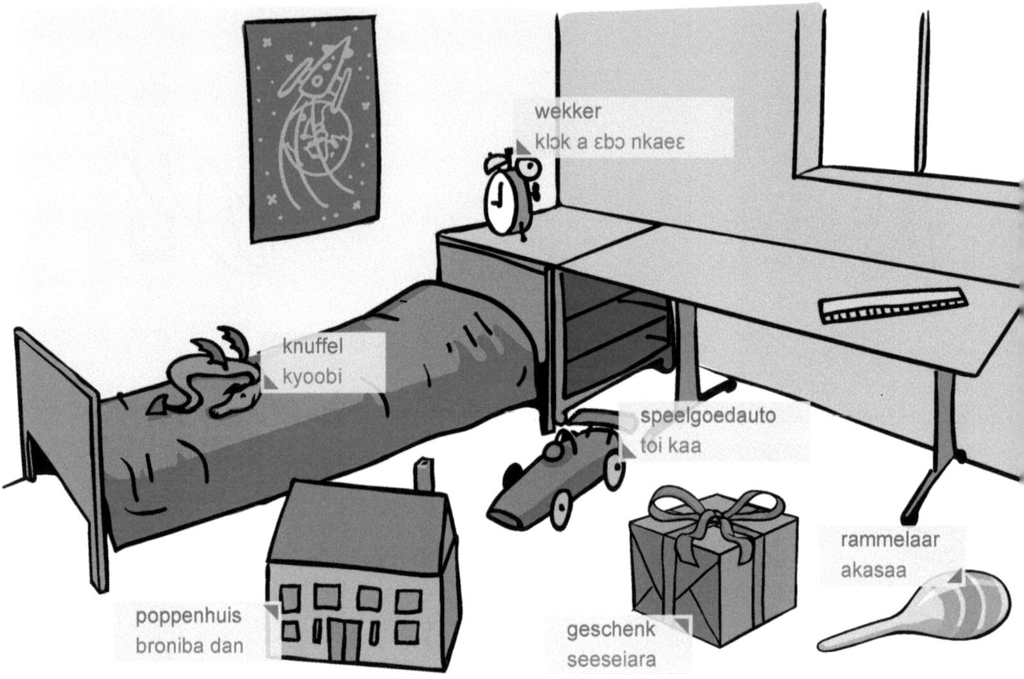

wekker
klɔk a ɛbɔ nkaeɛ
knuffel
kyoobi
speelgoedauto
toi kaa
rammelaar
akasaa
poppenhuis
broniba dan
geschenk
seeseiara

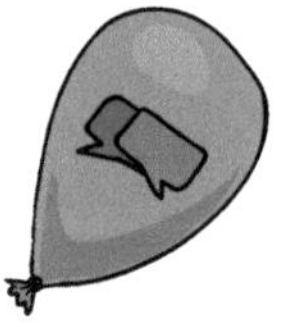

ballon

baaluu

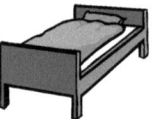

bed

mpa

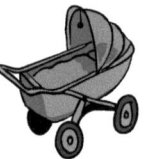

kinderwagen

nkwadaa kaa

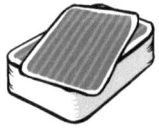

spel kaarten

sopaa

puzzel

gyiksɔɔ

SUPER
MEGA

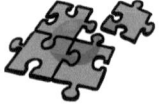

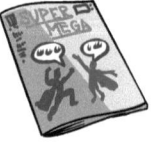

stripboek

nsɛnkwa

legoblokjes

lego blɔg

blokken

blɔg a yɛde si dan

actiefiguur

nnipa ɔbɔhye

kruippakje

abɔdoma ataadeɛ

frisbee

frisbee

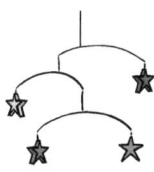

mobiel

mobail

bordspel

ponoso agodie

dobbelsteen

daahye

modelspoorweg

nkwadaa keteke

fopspeen

koliko

feest

apontoɔ

prentenboek

nfonin nwoma

bal

bɔɔlo

pop

broniba

spelen

di agorɔ

zandbak

anwea adaka

schommel

adonko

speelgoed

tois

spelconsole

video agodie apaawa

driewieler

sakre a ne nan meɛnsa

knuffelbeer

kyoobi

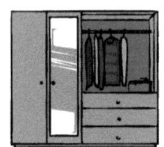

kleerkast

wɔdropo

kleding

ntaadeɛ

sokken

sɔks

kousen

stokens

maillot

sekentait

sjaal
duku

paraplu
kyiniɛ

T-shirt
t-hyɛɛt

riem
bɛlɛte

laarzen
mpaboa

slippers
kyalewate

sneakers
kamboo

sandalen
....
asopatre

schoenen
....
mpoboa

rubberlaarzen
....
rɔba mpaboa

onderbroek
....
ɛtam

beha
....
bra

onderhemd
....
singlɛte

lichaam

nipadua

broek

trɔsa

jeans

gyins

rok

sekɛɛt

blouse

ɛsoro ataadeɛ

hemd

hyɛɛte

trui

nkatoho a ɛko awɔ

capuchontrui

hoodie

blazer

koot

jas

nkatasoɔ

jas

nkatasoɔ

regenjas

nsutɔ mu nkataho

kostuum

dwumadie bi ho ataadeɛ

jurk

mmaa atadeɛ

trouwjurk

ayefrɔ ataadeɛ

kleding - ntaadeɛ

pak

kootu

nachthemd

mmaa ataadeɛ a yɛde da

pyjama

pigyamas ataadeɛ

sari

sari

hoofddoek

duku

tulband

abotire

boerka

burka

kaftan

kaftan

abaya

nkramofoɔ mmaa atadeɛ

badpak

taadeɛ a yɛde dware nsuo

zwembroek

asenemu ataadeɛ

short

nika

trainingspak

agokansie ntaadeɛ

schort

akatasoɔ

handschoenen

nsa nkataho

knoop

bɔtom

bril

sopɛɛse

armband

ahwnee

ketting

komadeɛ

ring

kawa

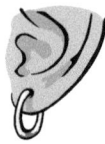

oorbel

asomadeɛ

pet

ɛkyɛ

kapstok

yɛde koot sɛn so

hoed

ɛkyɛ

das

abɔmene mu

rits

zip

helm

ɛkyɛ denden

bretellen

bresis

schooluniform

sukuu ataadeɛ

uniform

adwuma ataadeɛ

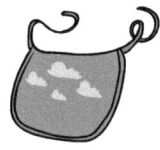

slabbetje

mmɔfra bib

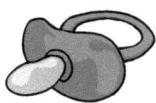

fopspeen

koliko

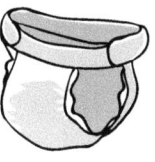

luier

nkwadaa napken

kantoor

asoeɛ

server
sɛɛva
dossierkast
kabenɛt
printer
printa
papier
krataa
monitor
monita
muis
Maws
bureau
ɛpono a yɛyɛ so adwuma
map
nhyemu
toestenbord
ntwerɛeɛ pono
rmand
a yɛde krataa nwura gu mu
stoel
akonwa
computer
komputa

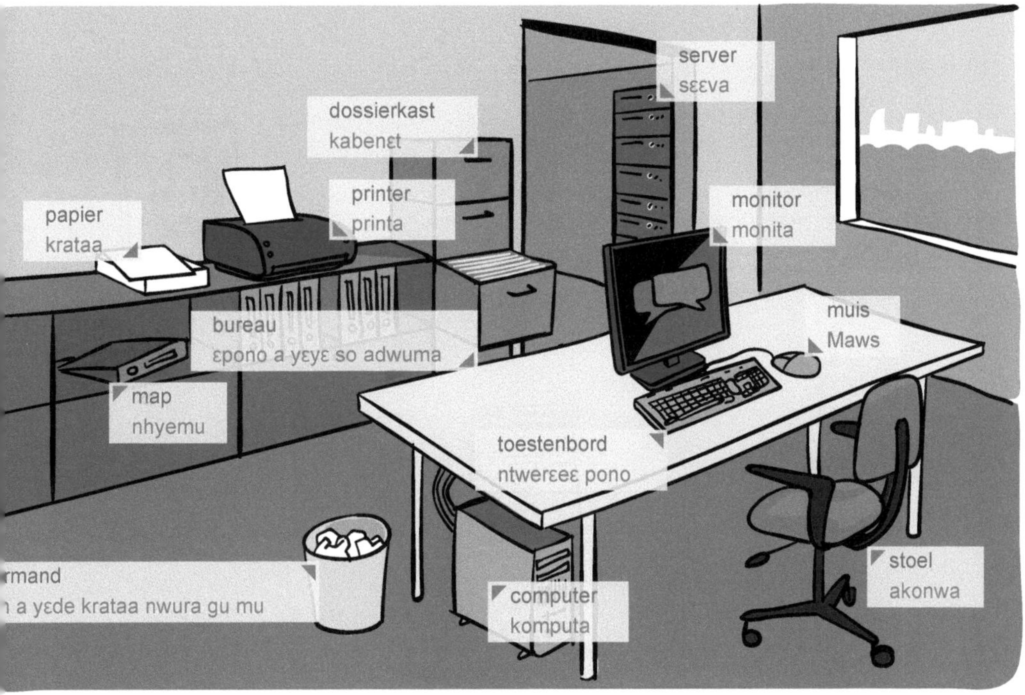

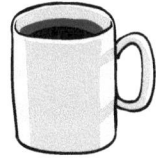

koffiemok

kɔfe kuruwa

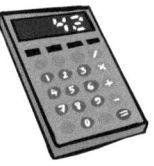

rekenmachine

akontabuo fidie

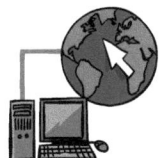

internet

intanɛt

laptop

laptop

brief

lɛta

bericht

nkratɔɔ

gsm

mobail kasafidie

netwerk

nɛtwɛke

kopieerapparaat

fotokɔpi

software

softwɛɛ

telefoon

tetefon

stopcontact

sɔkɛt

fax

faks afidie

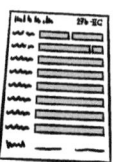

formulier

katraa

document

nkrataa

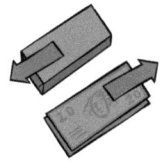

kopen

tɔ

betalen

tua

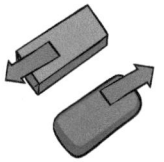

handelen

di dwa

geld

sika

dollar

dollar

euro

euro

yen

yen

roebel

rubel

Zwitserse frank

Swiss franks

Chinese renminbi

renminbi yuan

roepie

rupii

geldautomaat

baabi yɛtua sika

wisselkantoor

baabi a yɛ sesa sika

goud

sika kɔkɔɔ

zilver

dwetɛ

olie

now

energie

ahoɔden

prijs

ne boɔ

contract

kontragye

belasting

ɛtoɔ

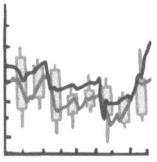

aandeel

stɔk

werken

adwuma

werknemer

adwumayɛni

werkgever

adwumawura

fabriek

mfididwuma mu

winkel

sotɔɔ

beroepen
nwuma ahodoɔ

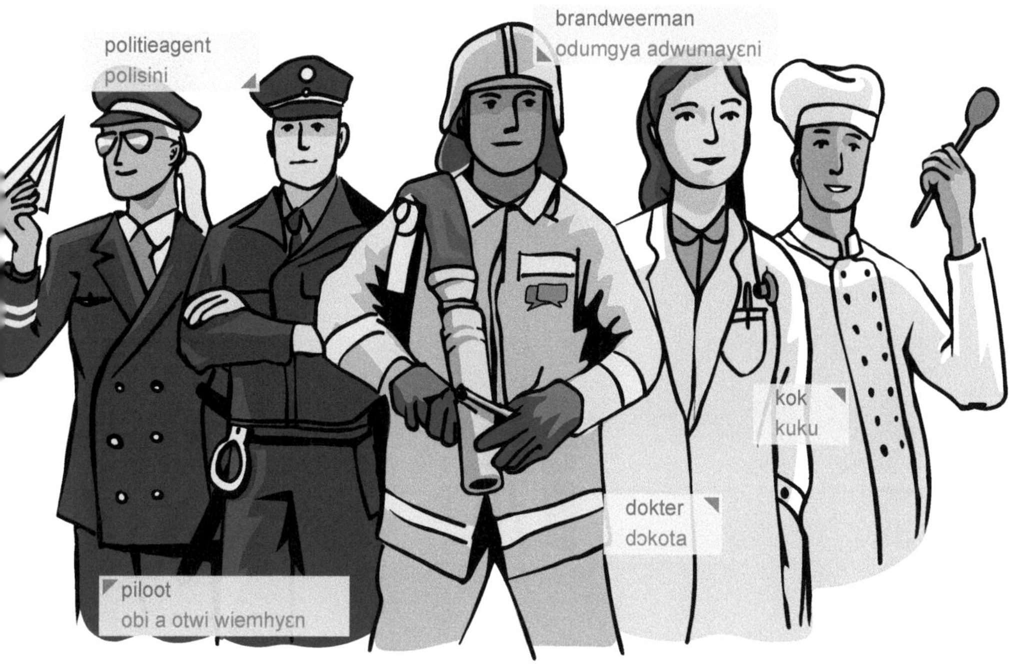
politieagent
polisini
brandweerman
odumgya adwumayɛni
kok
kuku
dokter
dɔkota
piloot
obi a otwi wiemhyɛn

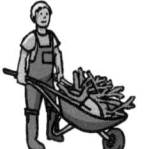

tuinman

ɔyɛ afuo

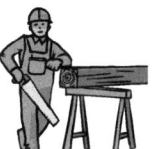

timmerman

dua dwomfoɔ

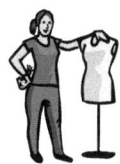

naaister

adepani baa

rechter

atɛnmuafoɔ

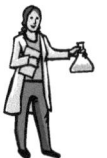

chemicus

ɔtɔn nnuro

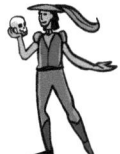

acteur

sini yɛfoɔ

buschauffeur

bɔs drɔba

taxichauffeur

taisi drɔba

visser

ɔpofoɔ

schoonmaakster

ɔbaa a osiesie fie

dakdekker

ɔbɔdanso

ober

ɔsom adidieɛ

jager

bɔmɔfoɔ

schilder

penta

bakker

ɔto paano

elektricien

ɔyɛ nkaneɛ ho adwuma

bouwvakker

ɔdansifoɔ

ingenieur

inginia

slager

ɔdwa nam

loodgieter

plɔmba

postbode

krataa manefoɔ

soldaat

sogyani

architect

ɔdwi adan

kassier

ɔgyegye sika

bloemist

ɔtɔn nhwiren

kapper

ɔyɛ tire

conducteur

meeti

mecanicien

fitani

kapitein

nnipa a otwi suhyɛn

tandarts

ɛsee dɔkota

wetenschapper

abɔdeɛ mu nimdefoɔ

rabbijn

rabi

imam

kramo panin

monnik

ɔsɔfo

geestelijke

osɔfo

werktuigen
anwenade

tang
playa
hamer
hama
schroevendraaier
skrudrɔba
zaklamp
abɛɛfo tɛnee
schroefsleutel
sopana

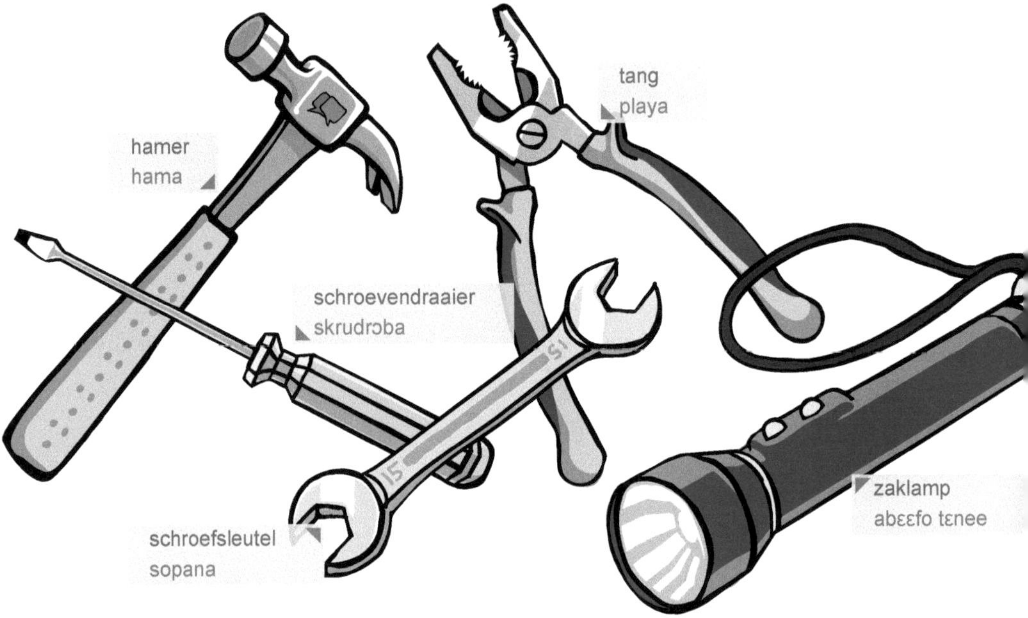

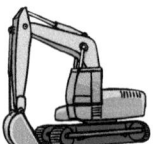

graafmachine
otu amena

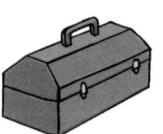

gereedschapskoffer
anwenade adaka

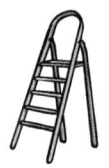

ladder
atwedeɛ

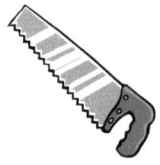

zaag
asradaa

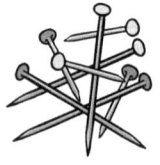

spijkers
nnadewa

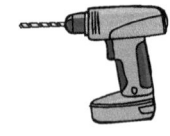

boormachine
afidie a yɛde bɔne tokro

repareren

siesie

schop

sofi

Verdomme!

Ebei!

blik

asanwura

verfpot

penti kukuo

schroeven

skruu

muziekinstrumenten
nnɛɛma a yɛde bɔ nwom

drumstel
nneama a yɛde bɔ ntwene

luidspreker
msopika a anoyɛden

gitaar
dwitae

contrabas
bass dwitae kɛseɛ

trompet
abɛn

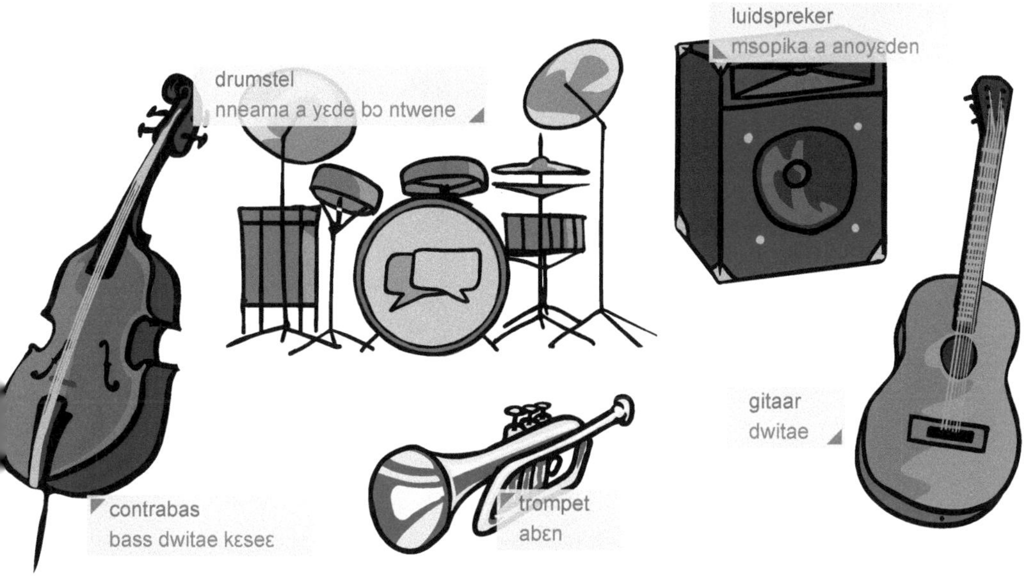

piano

sankuo

viool

ahoma sankuo

basgitaar

bass dwitae

pauk

atumpan

trommels

ntwene

keyboard

ntwerɛeɛ apa

saxofoon

saksofon

fluit

atentenbɛn

microfoon

maikrofon

ingang
εpono ano

tijger
ɔdʒɔ

kooi
mmoa dan

zebra
zebra

diereneten
mmoa aduane

panda
panda

dieren
mmoa

olifant
ɔsono

kangoeroe
kangaru

neushoorn
raino

gorilla
akatea

beer
sisire

kameel

afunupɔnkɔ

struisvogel

sohori

leeuw

gyata

aap

adwee

flamingo

flamingo

papegaai

ako

ijsbeer

awɔ mu sisire

pinguïn

penguin

haai

oboodede

pauw

akɔkonini abankwa

slang

wɔwɔ

krokodil

dɛnkyɛm

dierenverzorger

nnipa ɛhwɛ zoo so

zeehond

nsuo mu gyata

jaguar

sebɔ

pony
ponkɔ ba

luipaard
etwie

nijlpaard
susuono

giraffe
kɔntenten

adelaar
ɔkɔdeɛ

wild zwijn
kɔkɔte

vis
apataa

zeeschildpad
sudandan

walrus
walrus

vos
sakraman

gazelle
ɔtwee

rugby
Amerikafoɔ futbɔɔlo

wielrennen
skre twie

tennis
tennis

basketbal
basketbɔɔlo

zwemmen
nsuom adwareɛ

ijshockey
asukɔkyea so hɔki

boksen
akutruku

voetbal
futbɔl

badminton
badmintin

atletiek
mirikatuo

handbal
bɔɔlo a yɛde nsa bɔ

skiën
skii

polo
polo

springen
huri

lachen
sere

knuffelen
bam

zingen
to dwom

wandelen
nante

bidden
bɔ mpaeɛ

kussen
fe ano

dromen
so daeɛ

schrijven	tekenen	tonen
twerɛ	dwi	kyerɛ

duwen	geven	nemen
pia	ma	fa

hebben

nya

doen

yɛ

zijn

yɛ

staan

gyina

lopen

tu mirika

trekken

twe

gooien

tͻ

vallen

tͻ fam

liggen

da hͻ

wachten

twɛn

dragen

soa

zitten

tenase

aankleden

hyɛ ataadeɛ

slapen

da

ontwaken

nyane

kijken naar

hwɛ

wenen

su

aaien

san ho

kammen

nunum

praten

kasa

begrijpen

te aseɛ

vragen

bisa

luisteren

tie

drinken

nom

eten

didi

opruimen

yɛ nsiesie

houden van

ɔdɔ

koken

noa

rijden

twi

vliegen

tu

zeilen

fa nsuo so

rekenen

sese

Lezen

kenkan

leren

sua

werken

adwuma

trouwen

ware

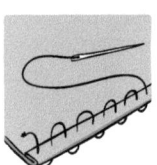

naaien

pam

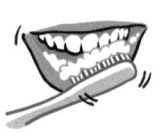

tandenpoetsen

twitwiri wo se

doden

kum

roken

nom gyɔt

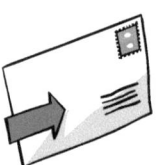

sturen

mane

familie
abusua

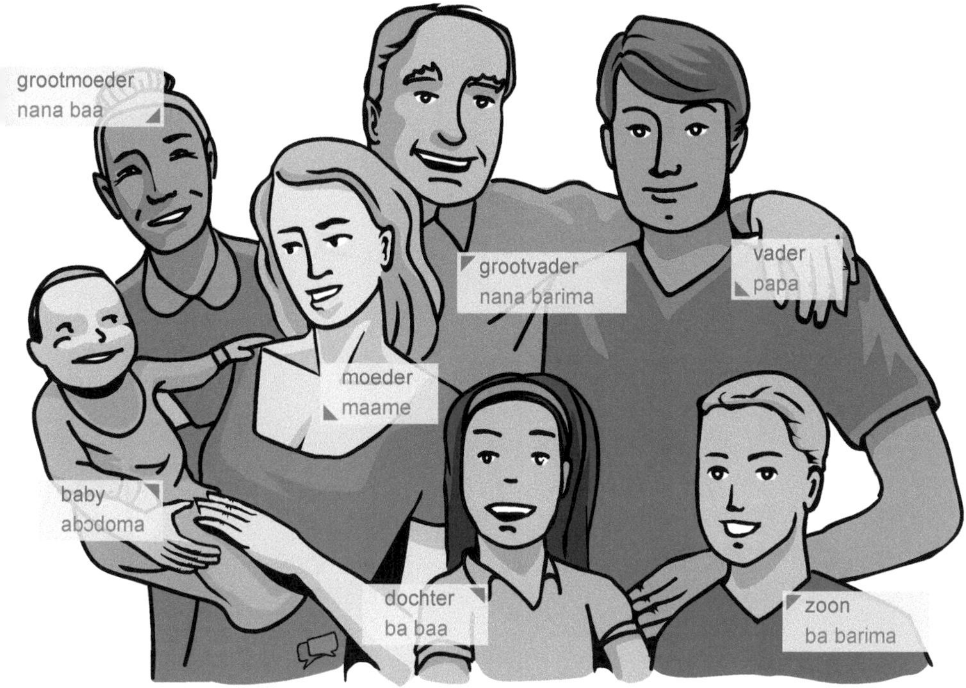

grootmoeder
nana baa
grootvader
nana barima
vader
papa
moeder
maame
baby
abɔdoma
dochter
ba baa
zoon
ba barima

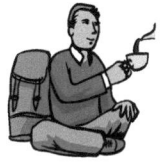

gast

ɔhɔhoɔ

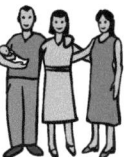

tante

sewaa

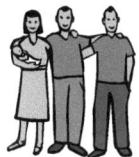

oom

wɔfa

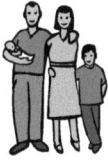

broer

nua barima

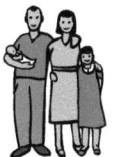

zus

nua baa

lichaam

nipadua

voorhoofd
moma
oog
ani
gezicht
anim
kin
apantan
borst
nufoɔ
vinger
nsatea
hand
nsa
arm
nsa
schouder
abɛtire
been
ɛnan

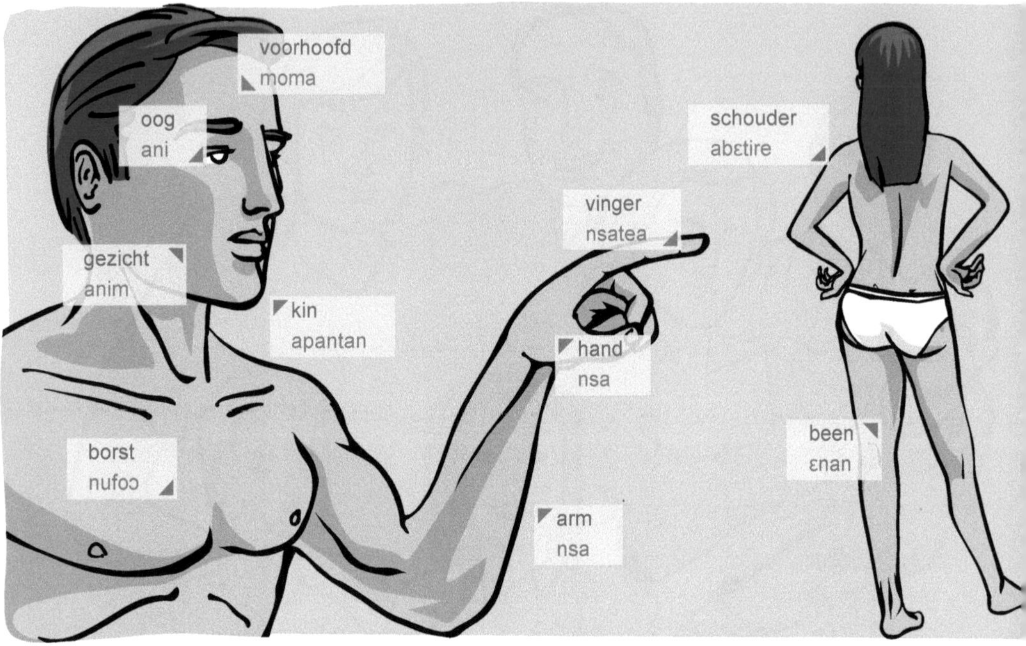

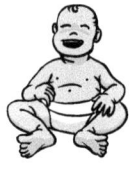

baby

abɔdoma

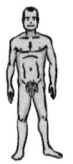

man

barima

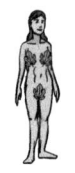

vrouw

ɔbaa

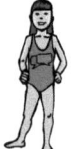

meisje

abayewa

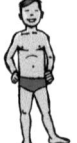

jongen

abarimawa

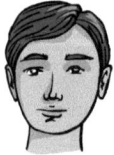

hoofd

etire

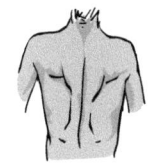

rug
....
akyi

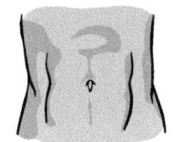

buik
....
afro

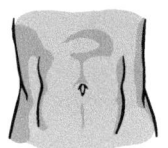

navel
....
fruma

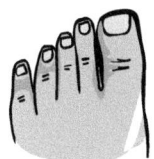

teen
....
nansoa

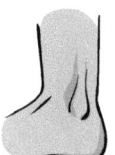

hiel
....
nantini

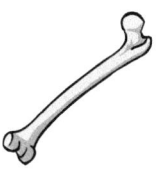

bot
....
dompe

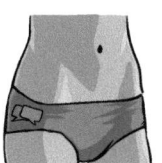

heup
....
ataasɔ

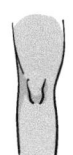

knie
....
kotodwe

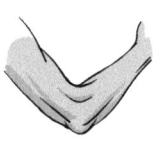

elleboog
....
abatwɛ

neus
....
ɛhwene

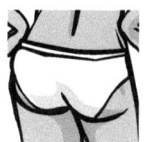

zitvlak
....
ɛtoɔ

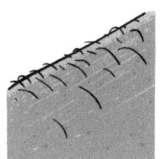

huid
....
wedeɛ

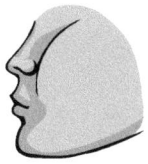

wang
....
afono

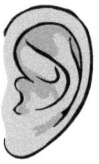

oor
....
aso

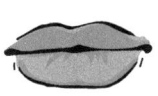

lip
....
ano

mond

anom

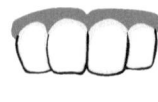

tand

ɛsee

tong

tɛkyerɛma

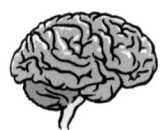

hersenen

adwene

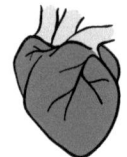

hart

akoma

spier

ntini

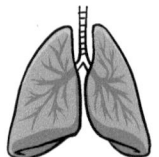

long

aharawa

lever

brɛbɔɔ

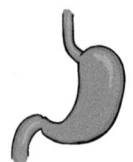

maag

yafunu

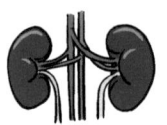

nieren

asaa

seks

nna

condoom

kɔndɔm

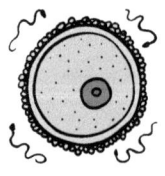

eicel

ɔbaa nkosua

sperma

barima ho nsuo

zwangerschap

nyinsɛn

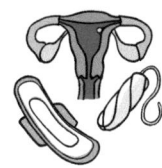

menstruatie
....
nsabuo

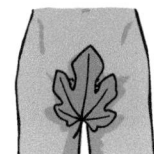

vagina
....
ɛtwɛ

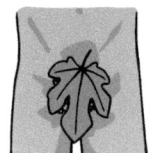

penis
....
kɔteɛ

wenkbrauw
....
anintɔn

haar
....
enwin

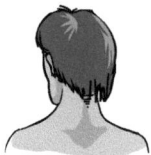

nek
....
ɛkɔn

ziekenhuis
ayaresabea

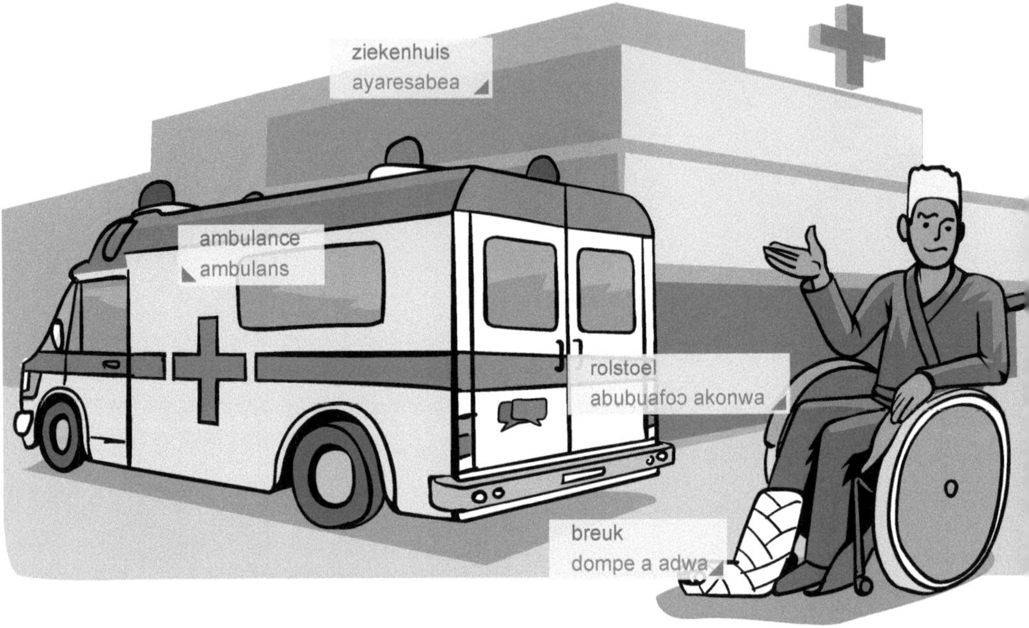

ziekenhuis
ayaresabea
ambulance
ambulans
rolstoel
abubuafoɔ akonwa
breuk
dompe a adwa

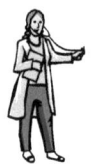

dokter

dɔkota

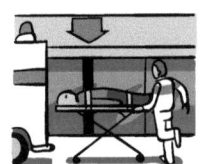

spoed

ɛdan a wɔde putupru nsɛm kɔmu

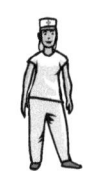

verpleegkundige

nɛɛse

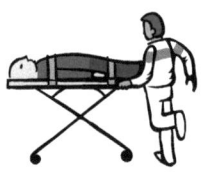

noodgeval

putupru

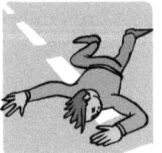

bewusteloos

wɔ atwa ahwe

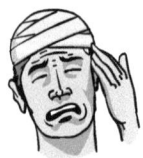

pijn

yea

verwonding

epira

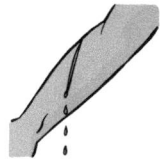

bloeding

mogyatuo

hartaanval

akoma yarenini

beroerte

stroke yareɛ

allergie

allegyi

hoest

ɛwa

koorts

ahoɔhyeɛ

griep

papu

diarree

ayamtuo

hoofdpijn

tipaeɛ

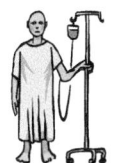

kanker

kokoram

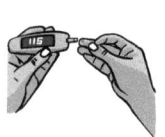

diabetes

asikyire yareɛ

chirurg

dɔkota a ɛyɛ oprehyɛn

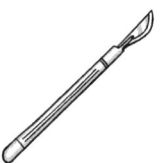

scalpel

skapɛl sekan

operatie

aprehyɛn

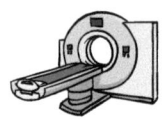

CT

CT

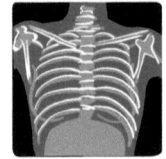

röntgenstraal

x-ray

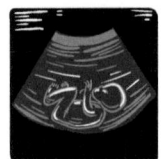

ultrageluid

ultrasound

gezichtsmasker

nkatanim

ziekte

yareɛ

wachtkamer

ɛdan a wɔ twɛn mu

kruk

krɔhyes

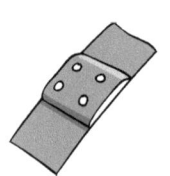

pleister

plasta

verband

banege

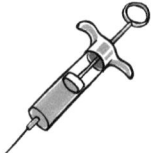

injectie

paneɛ

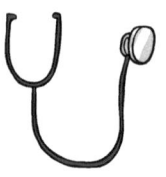

stethoscoop

Stetoskop

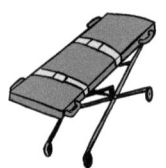

brancard

ahomankaa

thermometer

afidie a esusu ahoɔhyeɛ

geboorte

awoɔ

overgewicht

kɛseɛ mmorosoɔ

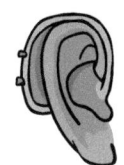

hoorapparaat

afidie a ɛboa asɛmtie

ontsmettingsmiddel

aduro a ekum mmoawa

infectie

yareɛ a mmoawa deba

virus

vaarɔs

HIV / AIDS

HIV / AIDS

medicijn

aduro

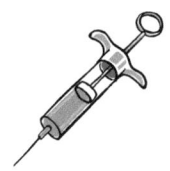

vaccinatie

aduro a esi yareɛ ano

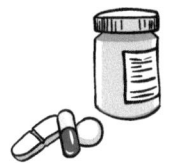

tabletten

aduro tablɛte

pil

topaeɛ

noodoproep

ɔfrɛ wɔ putupru so

bloeddrukmeter

afidie a esusu mogya
mmrosoɔ

ziek / gezond

yareɛ / apomuden

Help!	alarm	overval
Boa me!	kɔkɔbɔ	ɛborɔ

aanval	gevaar	nooduitgang
ato ahyɛ obi so	ɛyɛ hu	baabi a yɛfa de pue putupru so

Brand!	brandblusser	ongeval
Ogya!	afidie a yɛde dumgya	nkwanhyia
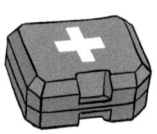		
EHBO-kit	SOS	politie
nneɛma yɛde sɔ yareɛ ano	SOS	polisi

Europa

Yuropo

Noord-Amerika

Amerika atifi

Zuid-Amerika

Amerika ananfoɔ

Afrika

Abiberm

Azië

Asia

Australië

Australia

Atlantische Oceaan

Atlantik

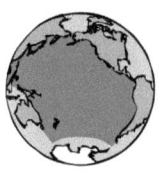

Stille Oceaan

Pasifek

Indische Oceaan

India po kɛseɛ

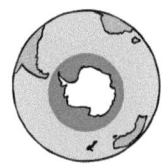

Antarctische Oceaan

Antaatek po keseɛ

Arctische Oceaan

Aatek po kɛseɛ

Noordpool

Ewiase atifi

Zuidpool

Ewiase anaafoɔ

Antarctica

Antaatek

aarde

Ewiase

land

asaase

zee

ɛpo

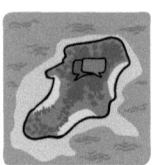

eiland

supɔ

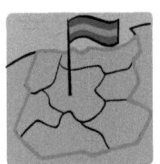

natie

ɔman

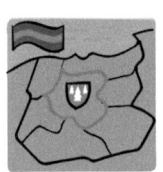

staat

ɔman

wijzerplaat

klɔko no anim

uurwijzer

dɔnhwere nsa no

minuutwijzer

sima nsa

secondewijzer

anitɛtɛ nsa no

Hoe laat is het?

Abɔ sɛn?

dag

da

tijd

berɛ

nu

seeseiara

digitale horloge

wkye a nɔma wɔ so

minuut

sima

uur

dɔnhwere

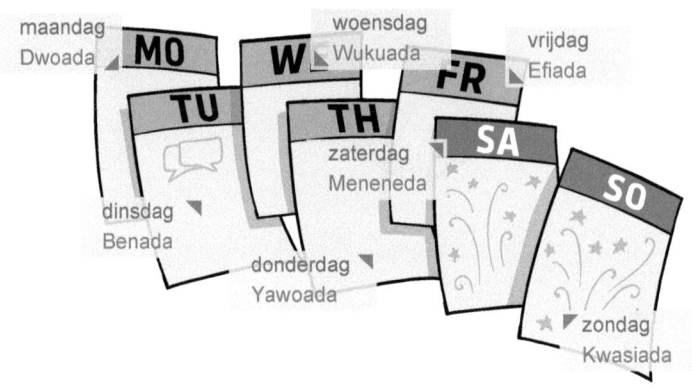

maandag Dwoada — MO

woensdag Wukuada — W

vrijdag Efiada — FR

dinsdag Benada — TU

zaterdag Meneneda — TH / SA

donderdag Yawoada

zondag Kwasiada — SO

gisteren
ɛnora

vandaag
ɛnora

morgen
ɔkyina

ochtend
anɔpa

middag
prɛmtobrɛ

avond
anwumerɛ

werkdagen
adwuma nna

weekend
nnawɔtwe awieɛ

jaar
afe

regen
nsutɔ
regenboog
nyankontɔn
sneeuw
asukɔkyea
wind
mframa
lente
nsutɔbrɛ
herfst
autumnbrɛ
zomer
awiabrɛ
winter
awɔbrɛ

4.APRIL 11°
5.APRIL 4°
6.APRIL 13°
7.APRIL 8°
8.APRIL 10°

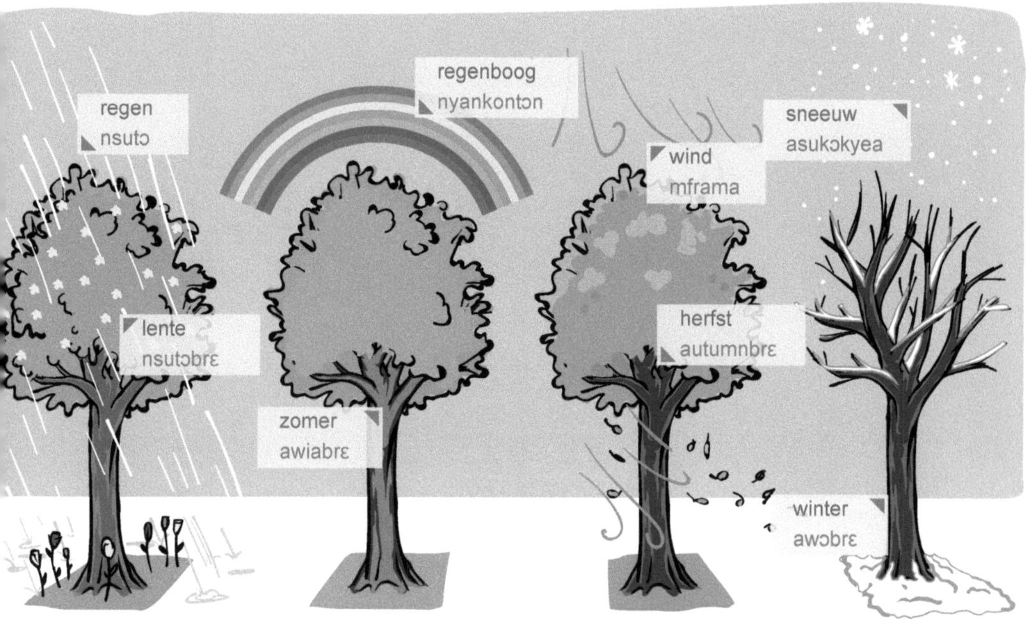

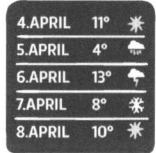

weervoorspelling
ewiem nsakrɛɛɛ

F C
120 40
90 30
60 20
30 10
0 0
-30 -10
-20

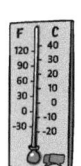

thermometer
afidie a esusu ade ho hyeɛ

zonneschijn
awiabɔ

wolk
munukum

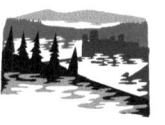

mist
ɛbɔ

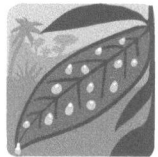

vochtigheid
ewiem nsuo

bliksem
ayerɛmo

donder
apranaa

storm
ehum

hagel
asukɔkyea

moesson
monsoonbrɛ

overstroming
nsuyiri

ijs
aise

januari
ɔpɛpɔn

februari
ɔgyefoɔ

maart
ɔbɛnem

april
Oforisuo

mei
Kotonimaa

juni
Ayɛwohomumu

juli
Kitawonsa

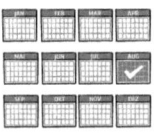

augustus
ɔsanaa

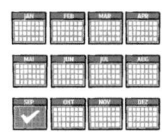

september
....
εbɔ

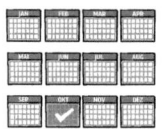

oktober
....
Ahinime

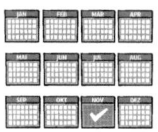

november
....
Obubuo

december
....
ɔpɛnimaa

vormen
abosuo

cirkel
....
kanko

kwadraat
....
sokwɛɛ

rechthoek
....
rɛktangel

driehoek
....
triangel

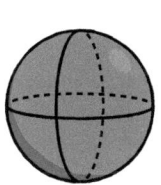

bol
....
krukruwa

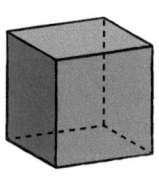

kubus
....
adaka

wit

fitaa

geel

akokɔ sradeɛ

oranje

ankaa

roze

pink

rood

kɔkɔɔ

paars

pɛpol

blauw

bruu

groen

ahaban mono

bruin

braun

grijs

nson

zwart

tuntum

veel / weinig

pii / ketewa

boos / kalm

wo boafu / wɔ adwo

mooi / lelijk

ɛyɛ fɛ / ɛyɛ tan

begin / einde

ahyɛseɛ / awieɛ

groot / klein

kɛseɛ / esua

licht / donker

ɛha / esum

broer / zus

nuabarima / nuabaa

proper / vuil

ɛho te / ayɛ fin

volledig / onvolledig

awie / enwieɛ

dag / nacht

awia / anadwo

dood / levend

awu / ɛte ase

breed / smal

emubae / ɛyɛ tea

eetbaar / oneetbaar

yɛde /yɛnni

kwaadaardig / vriendelijk

bɔne / tema

opgewonden / verveeld

wɔ aniagye / wɔ ani nka

dik / dun

ɔsɔ / teatea

eerst / laatst

edikan / etwatoɔ

vriend / vijand

adamfoɔ / atamfo

vol / leeg

ayɛ mma / hwee nim

hard / zacht

ɛdenden / mmerɛ mmerɛ

zwaar / licht

ɛyɛ duru / ɛyɛ ha

honger / dorst

ɛkɔm / nsukɔm

ziek / gezond

yareɛ / apomuden

illegaal / legaal

etia mmara / ɛwɔ mmara mu

intelligent / dom

nyansa / gyimi

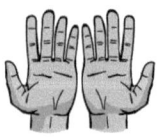

links / rechts

benkum / nifa

dichtbij / veraf

ɛbɛn / akyire

nieuw / gebruikt

foforɔ / dada

niets / iets

hwee / biribi

oud / jong

wɔ anyini/ ɔsua

aan / uit

sɔ /dum

open / dicht

bue / tom

stil / luid

dinn / dede

rijk / arm

ɔdefoɔ / ohia

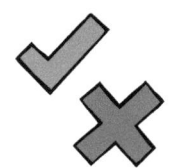

juist / fout

nifa / benkum

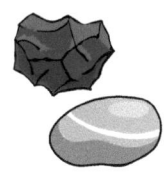

ruw / glad

werewerɛwerewerɛ / trontron

droevig / blij

awerɛhoɔ / anigyeɛ

kort / lang

tietia / tenten

traag / snel

nyaa / ntɛm

nat / droog

afɔ / awɔ

warm / koud

dedɛɛdeɛɛ / adwo

oorlog / vrede

akoo / asomdweɛ

0	**1**	**2**
nul	één	twee
hwee	baako	mienu

3	**4**	**5**
drie	vier	vijf
meɛnsa	ɛnan	enum

6	**7**	**8**
zes	zeven	acht
nsia	nson	nwɔtwe

9	**10**	**11**
negen	tien	elf
nkron	edu	du-baako

12

twaalf

du-mienu

13

dertien

du-meɛnsa

14

veertien

du-nan

15

vijftien

du-num

16

zestien

du-nsia

17

zeventien

de-nson

18

achtien

du-nwɔtwe

19

negentien

du-nkron

20

twintig

aduonu

100

honderd

ɔha

1.000

duizend

apem

1.000.000

miljoen

ɔpepem

kasa ahodɔɔ

Engels

Brɔfo

Amerikaans Engels

Amerikafoɔ Brɔfo

Chinees (Mandarijn)

Chainfoɔ Mandarin

Hindi

Hindi

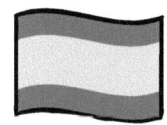

Spaans

Spainfoɔ kasa

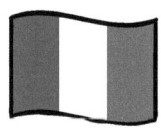

Frans

French kasa

Arabisch

Arabia kasa

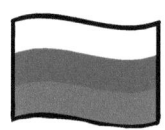

Russisch

Russianfoɔ kasa

Portugees

Portugalfoɔ kasa

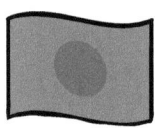

Bengali

Bengali

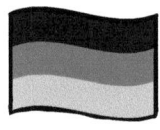

Duits

Germanfoɔ kasa

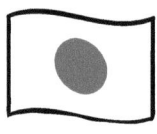

Japans

Japanfoɔ kasa

ik

Me

u

wo

hij / zij / het

ono

wij

yɛn

u

wo

ze

ɔmmo

wie?

hwan?

wat?

deɛ bɛn?

hoe?

ɛyɛ deɛn?

waar?

ehen?

wanneer?

dabɛn?

naam

edin

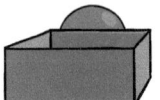

achter

akyire

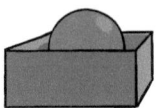

in

emu

voor

anim

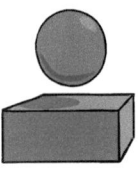

boven

ɛsoro

op

ɛso

onder

aseɛ

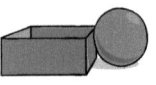

naast

nkyɛn

tussen

ntɛm

plaats

beaɛ